Der Er Et Fort Her
(Digte)

"Der er er fort her"

— *Hans Kongelige Højhed Prins Henrik*
(1934-2018)

Kim Sindberg

Der Er Et Fort Her
(Digte)

Tilegnet Henri Marie Jean André

Forside: Kaj Eckardt Hansen (skitse) og Kim Sindberg (layout)
Bagsidefoto: Ketty Sindberg (New York, September 2018)
Forlag: BoD – Books on Demand, København, Danmark
ISBN 9788771889642

INDHOLD

Nøglehullet

Strategi om alt

Jeg drysser velsignet ris
I alle retninger

Der står en skaldet slagter og synger ned i en hjertestarter

Bærgeret er halvt fyldt
Med stole malet på himlen
Hjernen sneet inde
Bag en storm af svinkeærinder
Der står en skaldet slagter
Og synger ned i en hjertestarter
Han spiller en Syver
Fordi det ikke er hans lykketal
Og holder inde
Med at omfavne
De udefrakommende
Han er dødsens bange for bier
Og nægter at tage stikket hjem
Og holder ind
Med at omfavne
De udefrakommende
Der står en skaldet slagter
Og synger ned i en hjertestarter
Han drømmer om at kende blodets vægt
Om at synge så rent
At der ikke er mere tilbage

Menneske nu

Se: han går hen
Og byder hende op
Til tango i en boble

Et tilbageholdt åndedrag
Der falder ud af himlen

Se: han tænder sin pibe
Siger hmmm
Og tager fingeren op af spanden med vand

Men lidt før det
Lang tid før det
Skød han fjernsynet
Med iskolde bogstaver

Se: vittigheden
Fanget i et modem
Fra 1986
De skingre grin
Uforløst

Men lidt før det
Lang tid før det:
Bang! sagde det
Ganske stille

Har du ikke modtaget memoet?

I radioen er der toner på omveje
En tanke midt i ingenting
En labyrint med usynlige mure
Velkommen til den røde løber i junglen

Mens tiden går baglæns
Falder han hele tiden forlæns
Der er et ansigt gemt i månen
Kærlighed der løber som blod
Ned gennem isbjerget

"Har du ikke modtaget memoet?"
Stod der på en plakat
Engang i Europa

Så mange mure
Så lidt tid
Syet tilfældigt sammen
Med løse løfter

Natskygge

Jeg efterlader bagage på hver station

Jeg efterlader bagage på hver station
Taler indforstået med stjernerne i lydtætte rum
Tegner fremtiden med blæk fra fuldmånen
Åh, alle disse små spurter
Alle disse nætter i dine arme
Hvor vi former kærlighed ud af ingenting

Jeg erklærer hermed bazaren for åben

I virkeligheden har jeg været der før
Lyset skummer
Over gårdspladsen
Pindsvinets højre og venstre fod

Stilhed.

Jeg fanger solen der sidder fast i træets grene
Der er et lys derude
Du ikke kan fange med din iPhone
Og omvendt

Anarki.

Nattens slagger
Skylles væk af den hvide regn
Det underlige er
At vi lukker indad

Rock.

Bliver stoppet ved indgangen til koncertsalen
Lige inden en lysende drøm
Tusinde sejre betalt med bitcoins
Den nyvalgte præsident
Læner sig ud ad bilens vindue:
"Jeg erklærer hermed bazaren for åben"

Ild.

Blå Rose

Jeg ved ikke

Jeg ved ikke
Hvor jeg skal begynde
Med at lave ingenting

Tæller sommerfuglens vingeslag
Fra en rutebil jeg kørte med
For mange år siden

Solen står lodret over dagen
Mine øjne er en si
Og kun de fineste stråler kommer igennem

Jeg gemmer mig i dig
Du gemmer dig i mig
Ingen andre kan se os

Du sætter vand over
Til en Gin Tonic
Jeg sår et sigtekorn
Med løs præcision
I den have der kun er vores

Kommer tilbage ti drømme senere
Fyldt med afskeder og velkomster
Ingenmandslande og våbenhviler
Du må gerne gå amok nu
Bare lige lidt

Selv har jeg temmelig travlt
Med at lave ingenting:
Graver en håndfuld stjerner
Ned i min have
Forstår mindre end ingenting

"Dø så langt du kan
Tag kun det flygtige for givet"
Skriger en åben tatovering mod den blanke sol

Jeg ser døsende mod tiden
Tilfældigt stablet i bunker
Har konstant mindre tid
Til at lave ingenting

"Drej til højre om 200 år"
Lyder det metallisk fra GPS'en

Der er hele tiden mere ingenting
Og meget mindre alting

Jeg ser op
Slipper alting
Omfavner min elskede
Dig

Kondens på linsen

Der er Heavy Metal i kirken
Musikken maler hektiske toner
På himmelhvælvet
Løber let foroverbøjet
Gennem regn og fusk
Ser ting fra anderledes

Der er kondens på linsen
Pennestrøg der
Indstiller sig omkring iris
Jeg er som den blå rose
Taber altid i paperback skak

Krigen er forbi

Frihed er ikke
At være en øde ø

Sætter en grammofonplade på dagen
Hvert track er en glemt lomme
Fra det der måske er din fortid

Der er vand i kælderen
Blæsten overhaler sig selv

Frihed er
Ikke at være en øde ø

Levende lys

Det brænder i dalen
Flammerne er
Konturer af ingenting
Trukket frem og tilbage
Mellem to af dagens døde punkter

Det regner i skoven
Træernes blade
Forsinker dråbernes
Sammenstød med
Skovbunden

Sådan er det med vind
Og lys

Livet siver altid ud

Hvert tidspunkt
Er sit eget skib

Skibet har kurs væk
Fra de brugte
Og kasserede
Sekunder

I hvert sekund
Bor en troldkvinde
Der beriger dagen
Med håndfulde
Af uforudsigelighed

Uforudsigeligheden
Sår sine frø
I frygtens sprækker

Frygtens sprækker
Er lunger
Der langsomt fyldes med luft

Luften er gemt
I bronzedåsen
Der hænger
I en lædersnor om livet

Livet siver altid ud
På præcis det rigtige tidspunkt

Lyden af Swing

Solen sveder huden
Men det er i øjnene
Der er en eksplosion
Jeg poster denne tanke
På Instagram med en bidende
Lettere ironisk kommentar
Mens jeg lytter til Bagerens
Fragmenter fra en rumkadet
Jeg deler situationen på Facebook
Tjekker ind i solen
Og tagger Bageren med ordene:
"Og så sad man lige i solen med en bager"

Løvfaldssommer

Jeg er i verden
Sådan lidt i udkanten
Men jeg kan godt mærke den
Alligevel

Kan der være bøn uden Gud?
Jeg ved det ikke
Men jeg kan da prøve
At lægge en gøgler ud

Fort

Nord mod nul

Flygter han
Til det han kommer fra?

I forbifarten;
Kommer han med en nedladende kommentar
Om andres præcision?

Passerer han
Et pensioneret træ?
En dæmning hvor der skulle være et fort
Inderst inde bag VHS bånd og trompetbukser?

Ved han at det er konto 2840
Om igen?

Han er stakåndet
Men lærer han mens han løber?

Smider han store stykker
Forældet ironi
På bålet?

Det her kan ikke være hjem
Der er jo ikke wi-fi

Postkort til fremtiden

Står i solen og ølregnen
På en studentervogn
Mærker frygten
og ensomheden

Der væltede et vognlæs popcorn
Ned i vulkanen

Tiden viser sig
Du skal dø for at blive til ingenting
Klokken er altid kvart i et eller andet

Praktikanten

Tiden viser sig ofte
I kaffe og tærte

Alligevel bestiller han
Gin og beton
Som så mange andre før ham
Der aldrig har set et træ

Han gør det
Med en krøllet
Nonchalant bevægelse
Som flager af liv
Investeret i solnedgange

Han drikker ud
Beruset af perfektion og længsel
I et glimt af en drøm
Om at vælte taburetter

Det åbne sår er hans panser
Pejler mod tunge hvide dyner
I et glimt ser han
Lyden i et skævt spejl
Og han taler ofte
Aldrig
Og slutter alle sætninger
Med ordene "hmm ja"

Der er et fort her

Der står en lilla elektricitet
Om fastnettelefonen
Der lugter svagt af ny bil

For enden af den tomme gågade
Står der en gruppe mennesker
De omfavner hinandens natskygge
Og kommer med tilfældige bemærkninger
Om tid og rum
"Et pund kaffe eller en hest
Det er spørgsmålet"
Siger en
Og føler sig som
Den sidste voksne i verden

"Hvem lukker vinden ind
Gennem den lille åbning
Hvor alting bliver til ingenting?"

En åbner fortidskassen
Tager febrilsk mønten op
Fyrer den af mod stjernerne
"Krone du vinder
Plat jeg taber"
Siger han afmålt
Og løsner slipset

Kommoden bløder
Gennem nøglehullet
Hvem lukker vinden ind?
Hvem bogfører
Diverse altafgørende småting?

"Der er et fort her" siger Kongen
Laver en nonchalant bevægelse
Med dagens avis
Og stiger majestætisk
Ind i den ventende limousine

Det fineste i verden
Er den lette vej
Til svære beslutninger: Vand og brønd

Hvid mælk
Fra det nybundne slips
Hvem lukker vinden ind
Gennem den sprække
Hvor hele fortet lige præcis er synligt?

Han beundrer slipseknuden
Han selv har bundet
Foretager en logisk sletning
Af sin fortid
Det føles godt
Så han tager også fremtiden
Når han nu er i gang

"Jeg vil gerne bede om havregryn
Med jordbærsyltetøj" siger den lille Prins
Mens han knapper den øverste knap

Essensen hældt ud over nuet
Vind i håret
Ingen GPS
Ingen retning
Hvem lukker vinden ind?
Hvem glemmer at køre på cykel
Og binde slips?

Brøkdel

Slagterne har været her siden 1870

Der er en skødesløs elegance
Over hendes fravalg
Hun skyder en bakterie
Ind i blodbanen
"Hver dag nye mure"
Synes solsorten at tænke

Det er jævnløgn
Og hans LinkedIn profilbillede
Er en udstoppet kanin
Ved siden af ansigtet

Det tomme jakkesæt
Kaster sin smerte ned i en mikrofon
"Slagterne har været her siden 1870"
Er vist nok teksten
Der skvulper gennem raketværkstedet

Sortehavet på min venstre side

Sortehavet på min venstre side
Tom Waits' hår på min højre

Jeg drømmer om
At drikke kaffe
Som i de gode gamle dage
At sidde på en cafe i Soho
Med Jazz pumpende
Ind i væggene

At tage det blå ud af havet
Det sorte ud af natten
At omfavne en sjæl der blomstrer

Sortehavet på min venstre side
Tom Waits' hår på min højre

Sådan kan afstand også være
Jeg er klar jeg er aldrig klar
Jeg er kavaleriet der aldrig kom
Frelsen hærs filial på Broadway
Et højhus fuld af tomme rum
Groet til med udløbne kreditkort

Sortehavet på min venstre side
Tom Waits' hår på min højre

Elsk mig som ingen anden
Hvisker jeg hver eneste dag

Det er det eneste jeg ønsker

Jeg hænger jakkesættet i garderoben
Hænger jakkesættet i garderoben
Jakkesættet i garderoben
Jakkesættet garderoben

Tæppekald

Skyerne hænger som uldtotter i skoven
Flettet ind i træernes grene
Blodmånen er snitsår i tiden
Der er ingen der ved det endnu
Men der er en pest i sproget
Og uendeligheden bløder

Det er konstanten

Utilgivelig

Alle på jorden
Holder vejret
I en brøkdel
Af et sekund
Formet i ler

Natten står som en diamant
På et tæppe af sne
Den der blinker
Er allerede død

Eller:
Hvis du kommer
Med en undskyldning
Tegnet på blæsten
Har du tabt

Viceværtens Dagbog

Falder
Men ikke i søvn

I et eller andet nabolag
Er der liv i vatter

Du er her og jeg er der:
Du sender breve til evigheden
Jeg sender mine med PostNord
"Same same"
Siger viceværten

Synger
Men ikke en sang

Og hver fredag mødes vi i baren
Og drikker forunderlighed
On the rocks
Og skåler for viceværten
Og for vinden
Og samfundet

Løven inde i fuglen
Pensionisten i en etværelses lejlighed
"Same same"
Siger viceværten
Med en smag af skønhed i munden

Drukner
Men kun i uendelige kys
Fra den eneste ene

Letter på min sixpence
Som vi passerer hinanden
Mærker støvregnen ætse
Hullerne i min hukommelse

Hvem har ret til
At være i hænderne
På sandheden?
Og hvor meget gangster
Skal man være
For at bo i et ekkokammer?

Drømmer
Men aldrig når jeg sover

Sætter ord på dagen
Inden jeg er i den
Og tegner skyggen spejlvendt
I Krummerne fra morgenbordet

Dyrenes ånder
Og alt imellem
Betyder intet
For mig
Det er en snigmorder
Der gemmer sig i musikken
Huu haa

Håber
Men aldrig på røde kort

Slalom om ingenting
Konstante deadlines
Om liv
Eller om død

"Træd ind i verden
Og kom sikkert hjem"
Siger viceværten

Boarding completed

Køen bevæger sig langsomt
Der er så mange steder
Du hellere ville være
Du tænker på i går
På hvordan du næsten døde
I forsøget på at bevise at du lever

Dit navn er på en liste
Du hader det
De scanner stregkoden
På din pande
Anonym
Findes ikke
Ingen handling er for lille
Til at dokumentere og strukturere

En langsom lyd folder sig ud
Af de trætte ansigter
Bruger vi noget i kaffen Hr?
Du mindes da du drak
Kaffe med mælk og sukker
Hos din morfar
Så mange år siden
Sort tak!

Du tænker på ritualer
På de samme ting
Udført igen og igen
Hele tiden
De samme nyheder
Samme Tour de France
Den samme rute
Til og fra arbejde

Hvad er der faktisk bagved?
Exit?
Og hvad mener de med
"Vejrtrækning ikke tilladt"?

Der er ingen vej tilbage mere
På vej mod en ny destination
Livets uudholdelige modsætninger
De konstante bevægelser
Og følelsen af at komme ingen steder hen

Du rejser let
Men dit hoved vejer et ton
Er det en reference til Wayne Coyne?
Vidste han hvad han startede?

Det var så forvirrende
Da vækkeuret ringede
Det hænger stadig i luften
Du kan høre det i pilotens stemme

Er det et godt tegn?
Hvor sagde du "exit" var?

Hvordan kan alt være højteste prioritet?
Og hvem bestemmer det?

Du hader beslutninger
Hader at være effektiv
Du føler du er meget mere effektiv
Når du er doven

Undskyld mig
Er mit sæde i håndbagagen?
Beklager Hr
Vi har et fuldt fly i dag!

Du noterede vejrudsigten her til formiddag
Sol regn sne vind
Fra alle retninger
Pænt pakket ind i et slør
Af torden eller sommerfugle
Lyder det bekendt?
Har du taget tøj med til dette?
Du kommer i tanke om
At du ikke har pakket noget som helst
Undtagen din forvirring
Den konfiskerede de desværre
Ikke i sikkerhedskontrollen

"Fasten Seat Belt" er tændt
Munden på manden i uniform
Bevæger sig fragmenteret:
"Boarding completed"

Sten

MusikBlomster

Der er bare en guitar
Spanish style

Den fylder det lille røgfyldte rum
Og så er der også stemmen

Stærk - overlegen
Gammel – altid frisk

Jorden rundt om solen
Solen rundt om jorden
Stenen let som en fjer

MusikBlomster
Foldet ud af stilhed

Storm

Propel

Sandet er rødt
Fodaftryk store som en god ide

Der er en skæv linje
Hvor det røde
Møder det blå
Linealens abstrakte lov

Kast ikke tomater
Ind i propellen

De kommer ind

De kommer ind
Gennem dørene
Og gennem vinduerne

Stukket en million gange
Af den skarpe nat
Under den skinnende sang

Der er ingen lyd
I skoven
Selvom der er
En storm på vej

Den danske sang

Den danske sang
Er en ung blond pige
Iført en lyseblå sommerkjole
På en yacht i juli
Sejler ind i kærligheden
Kun båret af usynlige hænder
Og en hvisken fra de hvide skyer

Den danske sang
Er et skævt plastik smil
Tilfældigt malet i skrigende farver
På den grå himmel
En gal mands klipning
En dansende wannabe Michael Jackson

Den danske sang
Er et brøl af hvid støj
Op gennem din rygsøjle
Som det spark i nosserne
Der ændrede dit liv
Det er berusede børn
Der leger med en motorsav

Den danske sang
Er en blød rytme
En vuggende blæksprutte
Der stædigt omfavner dig
I monoton improvisation
I et lille og røgfyldt
Hallucinerende lokale

Den danske sang
Er min sang

Og jeg er **40** versioner af mig selv

Baglæns

Det er for tidligt

Det er for tidligt
At dø på slagmarken
med check-ins
Og sikkerhedskontroller

Det er for sent
At overgive sig
Til den endeløse vinter
Af prioriteret boardinger
Og pasfotos
Ude af synk

Vandet er for højt
Samuraiens sværd
For stump

Når du hopper
Ind i den vide verden
Bliver du gennemblødt
I sved eller i blod

Timingen
Er altid forkert
Prioriteterne altid
Vendt på hovedet

Strategierne er altid
baseret på
Forkerte antagelser

Dette er et "pyjamas party"
Med slips og blankpolerede sko
Det er aldrig let at stå i kø
Tålmodighed er et ord uden mening

En tilfældig drøm
Om et hus i Toscana
På olivenbjerget
Og vinen er så blød og glat
Som huden på den eneste ene

Ordene
Lyder som et gammelt
Sort hvid
Fotografi
Af den onkel du aldrig mødte

Deres lyd er spædbarnets
Åh Gud; menneskets uendelige umodenhed
Enkelhedens kompleksitet

Tag hovedspringet ind i det sikre land
Med hovedtelefoner og afspilningslister
Afstand er en ond tvilling

Du vil se verden
Men du er i verden
Det er Zen og kunsten at åbne dine øjne

Dette er et uroligt hav
Og venskabets kompas
Er ødelagt

Dette er ikke en poesinote

Dette er ikke en poesinote
Ikke min hund
Der deltager
I bestyrelsesmødet
Vetoer alle forslag
Helt argument-resistent
Dette er ikke regn
Sanktioneret af mig
Der ødelægger dit hår
Ikke grunge musik
Der udfylder
Den røgfyldte bar
Og kommer i klemme
Mellem høje og berusede stemmer
Dette er ikke
Ukendte sprog
Råbt af fremmede
I et indkøbscenter i Dubai
Ikke kultur
Skjult bag hudfarve og slips
Ikke en elendig omelet
Serveret med bitter vin
På vej over Atlanterhavet
Dette er
Ikke lugten af død
Der flyder
Fra forstadshospitalet

Ikke ordene
Fra en galning
Der drukner din twitter konto
Dette er ikke Leonard Cohen
Der synger for dig
For sidste gang

Falder baglæns uendeligt

Falder baglæns uendeligt
Suger den brændende bombede by hel igen
Genopliver børnene dræbt af dronebomber
Tager en dyb indånding og blæser
Den skøre diktator tilbage til sindssygeanstalten
Lukker øjnene og finder mig selv
Spiller PAC-MAN i den gamle arkade
Berører den tørre jord
Hilser på min bedstemor og bedstefar
Lytter til mit åbne hjerte
Mens jeg glemmer mit hjemmearbejde
Fordi jeg har for travl med at skrive poesi
Spoler mit værste mareridt tilbage
Fjerner mine rynker med et blidt kærtegn af tid
Vågner op som teenager i den grønne have
Under den dovne eftermiddagssol
Ved jeg er udødelig
Mens jeg spiller min yndlings
New Order sang

Den elektrisk nat

Den elektrisk nat
Lige nu
På kanten af verden
Tænker på et sted
Jeg aldrig har været
Engang

Et punktum der trækker vejret i takt

Når vandet bliver klart igen
Er der en blind vinkel
Der hvor lyset knækker
Verden fra bunden af havet

Du tænker på et sted
Hvor udsigten er helt uden opsyn
Og pulsen stabil
Som en gammel Ford A

Du har hjertet på rette sted:
Et fængsel af humor

Du er et punktum
Der trækker vejret i takt
En gang til med frygt

Noter

"Boarding Completed", "Strategi om alt", "MusikBlomster" og "Propel" er danske gendigtninger af tekster fra "Dusty Soul" (2016)
http://kimani.dk/dusty.html

"Falder baglæns uendeligt", "Dette er ikke en poesinote", "Det er for tidligt", "Den danske sang" og "De kommer ind" er danske gendigtninger af tekster fra "40 Copies of Myself" (2017)
http://kimani.dk/40copiesofmyself.html